글 박진영

고생물학자이자 과학책과 그림책을 쓰는 작가예요. 강원대학교 지질학과를 졸업한 뒤 척추고생물학으로 전남대학교에서 석사 학위를, 서울대학교에서 박사 학위를 받았습니다. 지금은 서울대학교 고생물학연구실에서 연구원으로 일하면서 아시아의 갑옷 공룡 화석을 연구하고 있어요. 지금까지 쓴 책으로는 〈판타스틱 공룡 일상〉 시리즈와 《신비한 익룡 사전》, 《신비한 공룡 사전》, 《박진영의 공룡 열전》, 《읽다 보면 공룡 박사》 등이 있고, 쓰고 그린 책으로는 《박물관을 나온 긴손가락사우루스》가 있습니다.

그림 최유식

애니메이션을 공부했고, 지금은 한국예술종합학교에서 영상을 전공하고 있습니다. 오늘날에는 볼 수 없는 아름답고 매력적인 동물들을 주제로 그림을 그리고 있습니다. 그린 책으로는 《다른 공룡이 되고 싶어?!》, 《읽다 보면 공룡 박사》가 있습니다.

일러두기

- 오늘날의 새를 제외한 공룡 이름은 한국고생물학회의 원칙에 따라 라틴어 발음대로 표기했습니다.
- 각 공룡의 생태 정보는 살던 시대 | 분포 지역 | 크기 | 식성 순서로 표기했습니다.

놀라운 공룡의 세계 1
우리는 공룡 가족

초판 인쇄 2022년 11월 9일 초판 발행 2022년 11월 9일
글쓴이 박진영 그린이 최유식
펴낸이 남영하 편집 김주연 박예슬 디자인 박규리 마케팅 김영호
펴낸곳 ㈜씨드북 등록 번호 제2012-000402호 주소 03149 서울시 종로구 인사동7길 33 남도빌딩 3F 전화 02) 739-1666 팩스 0303) 0947-4884
홈페이지 www.seedbook.co.kr 전자우편 seedbook009@naver.com 인스타그램 instagram.com/seedbook_publisher
ISBN 979-11-6051-479-7 (77490) 세트 979-11-6051-478-0 (77490)
글 ⓒ 박진영, 그림 ⓒ 최유식, 2022
이 책은 저작권법에 따라 보호받는 저작물이므로 무단 전재와 무단 복제를 금지하며,
이 책 내용의 전부 또는 일부를 이용하려면 반드시 저작권자와 ㈜씨드북의 서면 동의를 받아야 합니다.

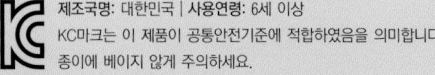
제조국명: 대한민국 | 사용연령: 6세 이상
KC마크는 이 제품이 공통안전기준에 적합하였음을 의미합니다.
종이에 베이지 않게 주의하세요.

- 책값은 뒤표지에 있어요. • 잘못 만들어진 책은 구입하신 서점에서 바꾸어 드려요. • 씨드북은 독자들을 생각하며 책을 만들어요.

차례

- 8 공룡의 세계로 들어가며
- 12 이빨이 다양한 공룡
- 14 갑옷을 두른 공룡
- 16 등에 판이 솟은 공룡
- 18 두 발로 뛰는 초식 공룡
- 20 휘어진 부리를 가진 초식 공룡
- 22 머리가 단단한 공룡
- 24 머리에 뿔이 솟은 초식 공룡
- 26 목이 길어지기 시작한 공룡
- 28 거대한 목 긴 공룡
- 30 앞 발가락이 네 개씩 있는 육식 공룡

튼튼한 앞다리를 가진 육식 공룡	32
커다란 머리를 가진 육식 공룡	34
긴 뒷다리를 가진 육식 공룡	36
타조를 닮은 공룡	38
앞다리를 접을 수 있는 공룡	40
갈고리발톱을 가진 공룡	42
꼬리가 짧은 공룡	44
우리가 새라고 부르는 공룡	46
지금도 살아 있는 공룡	48
찾아보기	50

공룡의 세계로 들어가며

공룡이 뭐예요?

공룡은 지금으로부터 약 2억 3300만 년 전에 등장한 동물이에요. 이들은 거대한 파충류로, 알을 낳아 새끼를 부화시켰어요. 공룡의 가장 큰 특징은 바로 엉덩이뼈에 난 구멍이에요. 이 구멍으로 허벅지뼈가 쏙 들어가요. 이런 구조는 공룡만 갖고 있어요. 공룡과 달리 하늘을 나는 익룡, 물속에 사는 수장룡과 모사사우루스류는 골반에 허벅지뼈가 들어가는 구멍이 따로 없어요. 그래서 익룡, 수장룡, 모사사우루스류는 공룡이 아닌 거예요.

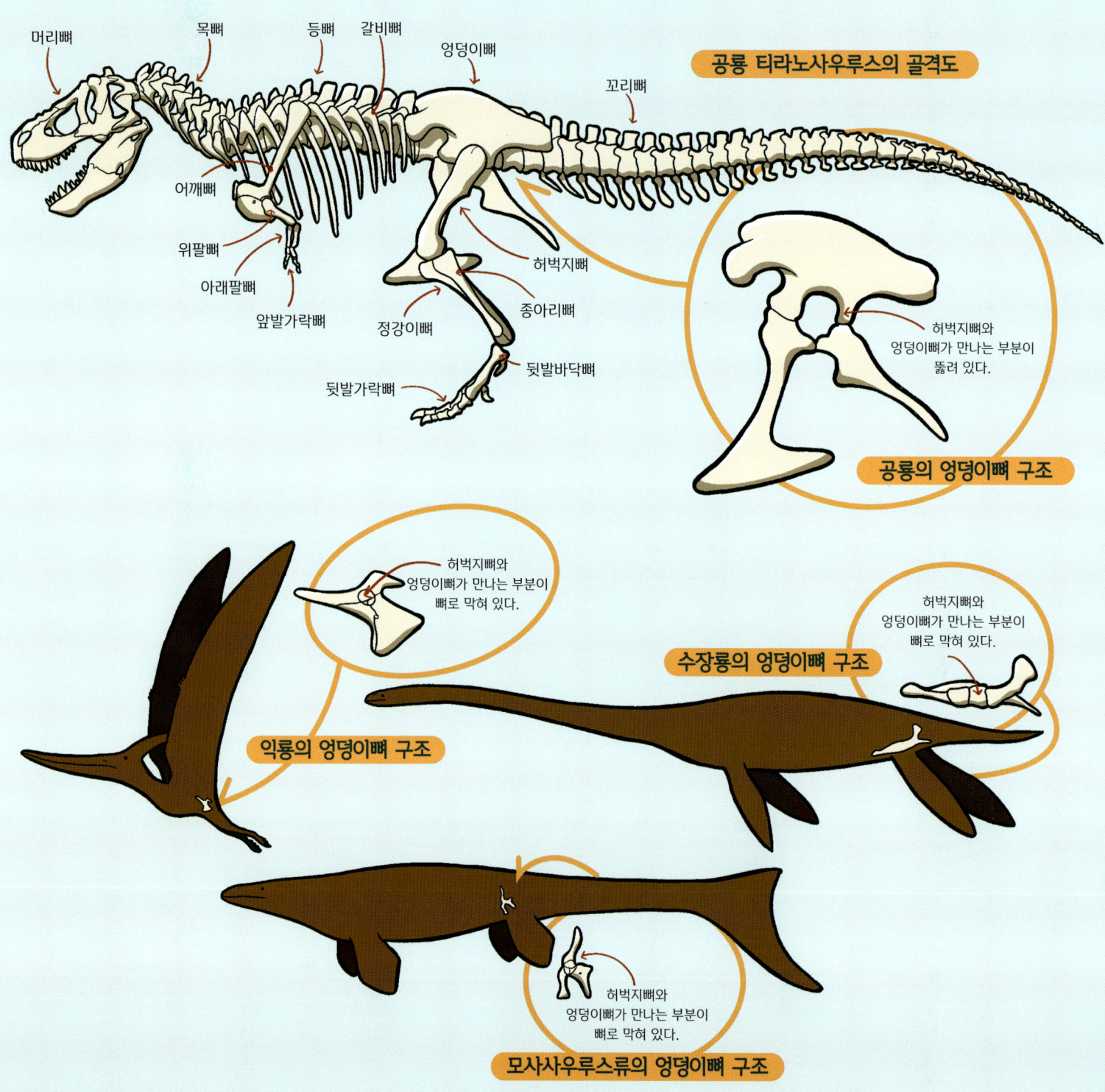

공룡 시대

과학자들은 지구의 역사를 크게 선캄브리아 시대, 고생대, 중생대, 신생대의 네 부분으로 나눴어요. 공룡이 번성한 시기는 중생대예요. 중생대는 트라이아스기, 쥐라기, 백악기로 나눌 수 있어요. 각 시대마다 지구에 살았던 공룡의 종류가 달랐어요. 스테고사우루스는 쥐라기 때 살았어요. 반면에 티라노사우루스는 백악기가 끝날 무렵에 살았어요. 그래서 스테고사우루스와 티라노사우루스는 서로 만날 일이 없었어요.

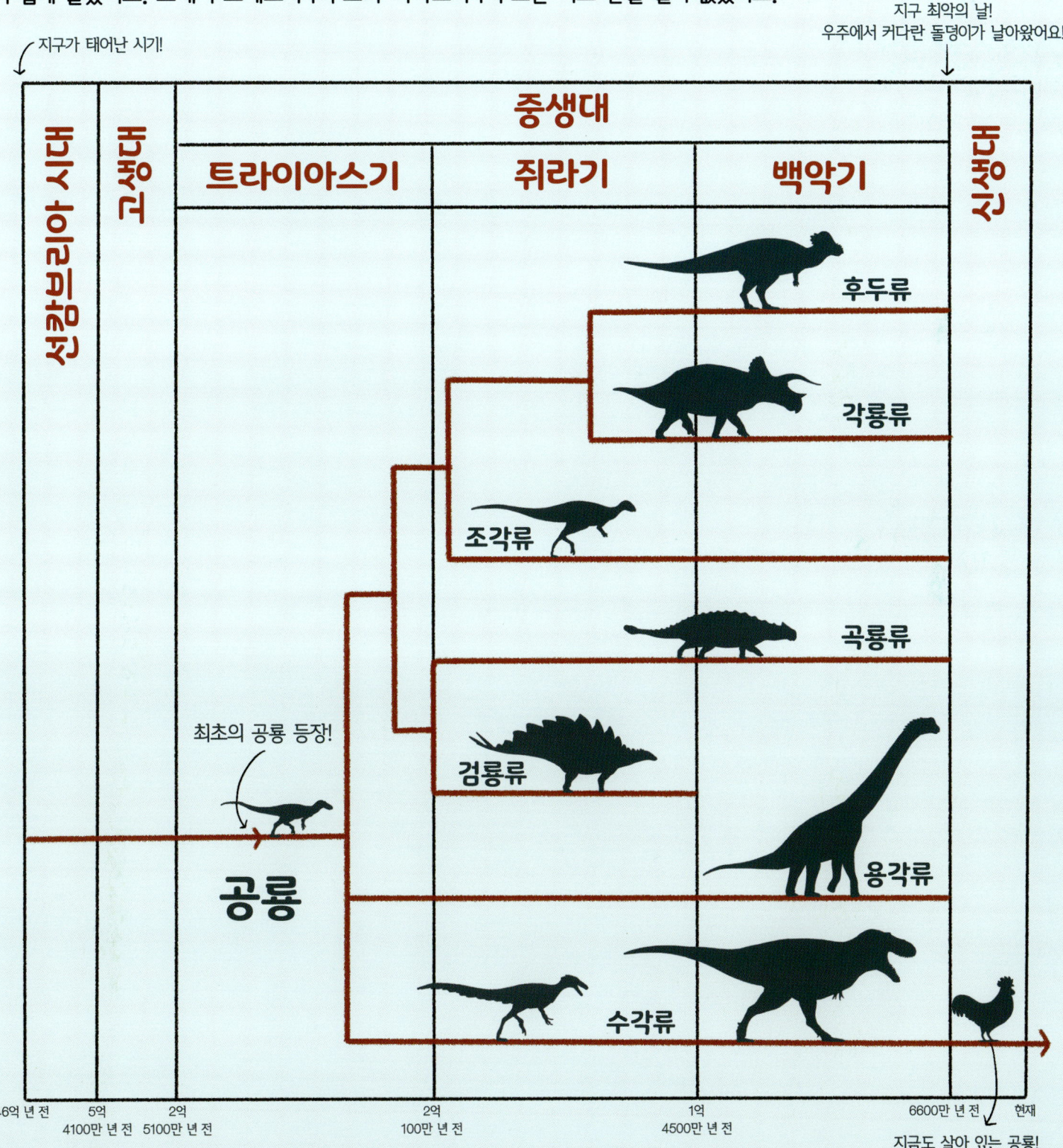

주렁주렁 공룡 대가족

지금까지 화석으로 보고된 공룡은 1,000종류가 넘어요. 엄청나게 많죠? 전 세계 과학자들은 열흘마다 새로운 공룡을 발견하고 있어요. 옛날에 정확히 몇 종류의 공룡이 살았는지는 아무도 몰라요. 하지만 정말 많이 살았다는 것만은 확실해요. 이 거대한 공룡 가족에 어떤 무리들이 있는지 알아볼까요?

이것은 공룡의 계통수예요. 마치 나무에 공룡이 주렁주렁 열린 것 같죠? 계통수는 생물의 진화 과정을 나뭇가지처럼 나타낸 것이에요. 가계도랑 비슷해요. 가계도처럼 계통수의 서로 가까운 가지에 있는 공룡일수록 가까운 친척 관계예요. 그러니까 트리케라톱스는 티라노사우루스보다 스테고사우루스랑 더 가까운 사이인 거죠.

이빨이 다양한 공룡

동물원에 가면 하품하는 도마뱀이나 악어의 입속을 한번 보세요. 파충류는 이빨이 모두 비슷하게 생겼어요. 그런데 저 공룡들의 이빨을 좀 보세요! 개나 고양이처럼 끌개 같은 앞니도 있고, 뾰족한 송곳니도 있고, 씹을 때 사용하는 어금니도 있어요. 이처럼 여러 가지 형태의 이빨을 가진 잡식 공룡들을 '헤테로돈토사우루스과'라고 불러요. 헤테로돈토사우루스과 공룡은 앞니를 이용해 질긴 식물을 뜯고 어금니를 이용해 잘게 씹어 먹었어요. 곤충도 즐겨 먹었을 거예요. 무시무시한 송곳니는 다른 공룡과 싸울 때 사용했겠죠?

헤테로돈토사우루스 *Heterodontosaurus*
쥐라기 전기 | 남아프리카 공화국 | 몸길이 1미터 | 잡식
땅속에 숨어 있는 곤충들을 파내기 좋게 강한 앞다리를 가졌어요.

아브릭토사우루스 *Abrictosaurus*
쥐라기 전기 | 레소토 | 몸길이 1미터 | 잡식
송곳니가 전혀 없어서 암컷 헤테로돈토사우루스인 줄 알았대요.

에키노돈 *Echinodon*
백악기 전기 | 영국 | 몸길이 60센티미터 | 잡식
이름이 '고슴도치 이빨'이라는 뜻이에요.
오돌토돌한 이빨 모양이 마치 고슴도치 같아서 그래요.

리코리누스 *Lycorhinus*
쥐라기 전기 | 남아프리카 공화국 | 몸길이 1미터 | 잡식
턱이 처음 발견됐을 때 원시 포유동물의 것인 줄 알았대요.

티아니울롱 *Tianyulong*
쥐라기 후기 | 중국 | 몸길이 70센티미터 | 잡식
목, 등, 꼬리 위로 기다란 원시 깃털이 나 있었어요.

프루이타덴스 *Fruitadens*
쥐라기 후기 | 미국 | 몸길이 75센티미터 | 잡식
먹이를 가리지 않았을 것으로 추정하고 있어요.

마니덴스 *Manidens*
쥐라기 중기 | 아르헨티나 | 몸길이 75센티미터 | 잡식
강한 뒷발과 균형 잡기에 좋은 꼬리를 이용해 나무 위에서 살았을지도 몰라요.

페고마스탁스 *Pegomastax*
쥐라기 전기 | 남아프리카 공화국 | 몸길이 60센티미터 | 잡식
위아래로 두꺼운 아래턱 덕분에 무는 힘이 강했을 거예요.

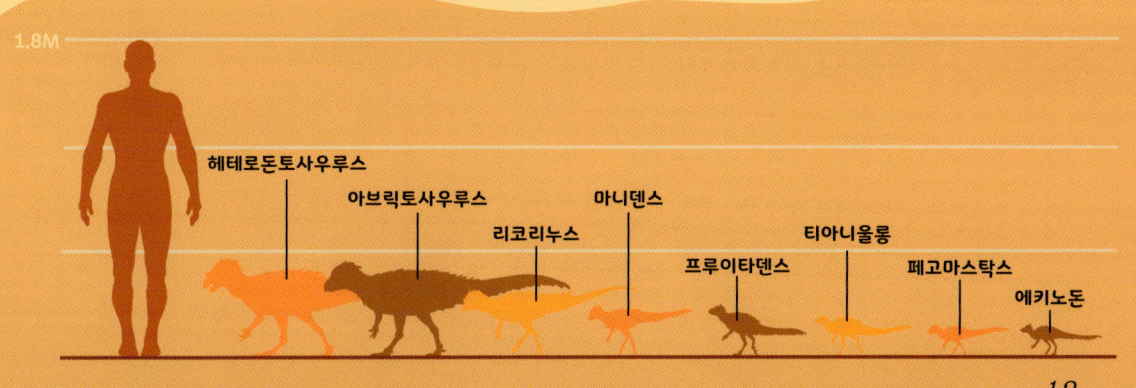

갑옷을 두른 공룡

이빨이 뾰족뾰족한 육식 공룡을 만났다고 생각해 보세요. 엄청 무섭겠죠? 초식 공룡들도 마찬가지였어요. 대부분의 초식 공룡은 육식 공룡을 만나면 잽싸게 도망쳤어요. 그런데 몸이 무거운 초식 공룡은 빠르게 도망칠 수 없었어요. 그래서 어떤 초식 공룡은 도망치기를 포기했어요. 대신에 단단한 돌기들로 온몸을 뒤덮었어요. 이처럼 뼈로 된 돌기로 뒤덮인 초식 공룡을 '곡룡류'라고 불러요. 모습이 마치 갑옷을 입은 것 같다 해서 '갑옷 공룡'이라고도 부르죠. 곡룡류를 본 육식 공룡은 입맛이 뚝 떨어졌을 거예요.

사이카니아 *Saichania*
백악기 후기 | 몽골, 중국 | 몸길이 6미터 | 초식
피라미드 같은 뾰족한 돌기들이 머리에 솟아 있었어요.

폴라칸투스 *Polacanthus*
백악기 전기 | 영국 | 몸길이 5미터 | 초식
엉덩이에 뼈로 된 방패 같은 덮개가 있었어요.

스켈리도사우루스 *Scelidosaurus*
쥐라기 전기 | 영국 | 몸길이 1미터 | 초식
발자국 화석 덕분에 이들이 뒷다리로도 걸을 수 있다는 게 밝혀졌어요.

리아오닝고사우루스 *Liaoningosaurus*
백악기 전기 | 중국 | 몸길이 30센티미터 이상 | 잡식으로 추정
민물거북처럼 헤엄치며 물고기를 잡아먹었을지 몰라요.

안킬로사우루스 *Ankylosaurus*
백악기 후기 | 미국 | 몸길이 8미터 | 초식
콧구멍이 뒤쪽으로 향해 있어서 식사 중에도 쉽게 숨 쉴 수 있었어요.

에드몬토니아 *Edmontonia*
백악기 후기 | 캐나다 | 몸길이 6.6미터 | 초식
어깨에 난 가시로 다른 에드몬토니아들과 힘겨루기를 했을 거예요.

디오플로사우루스 *Dyoplosaurus*
백악기 후기 | 캐나다 | 몸길이 7미터 | 초식
뼈로 된 눈꺼풀로 눈을 보호했어요.

피나코사우루스 *Pinacosaurus*
백악기 후기 | 몽골, 중국 | 몸길이 5미터 | 초식
커다란 혀뼈가 발견됐어요. 유연한 근육질의 혀를 갖고 있었을 거로 추정해요.

보레알로펠타 *Borealopelta*
백악기 전기 | 영국 | 몸길이 6미터 | 초식
배 속에서 숯이 발견됐어요. 이 공룡이 살던 곳에 들불이 일어났나 봐요.

타르키아 *Tarchia*
백악기 후기 | 몽골 | 몸길이 6미터 | 초식
머리뼈에 타르보사우루스의 이빨 자국이 발견됐어요. 서로 싸웠나 봐요.

등에 판이 솟은 공룡

어떤 공룡은 피부에 난 뼈로 된 돌기들이 납작한 판 모양으로 바뀌었어요. 등에 납작한 뼈판들이 솟아 있는 공룡을 '검룡류'라고 불러요. 이들을 '검룡'이라고 부르는 이유는 등에 솟은 판들이 마치 무사가 휘두르는 검처럼 생겼기 때문이에요. 그런데 정작 검룡류는 뼈판들을 무기로 사용하지 않았어요. 이 판들은 그저 뽐내기용이었답니다. 검룡류의 진짜 무기는 끝에 가시가 돋아 있는 꼬리예요. 이들의 꼬리 가시에 찔려서 뼈에 구멍이 난 육식 공룡 화석도 발견됐어요. 아이고, 아파라!

다켄트루루스 *Dacentrurus*
쥐라기 후기 | 영국, 프랑스, 포르투갈, 스페인 | 몸길이 10미터 | 초식
유럽에서 가장 많이 발견된 검룡류예요.

기간트스피노사우루스 *Gigantspinosaurus*
쥐라기 후기 | 중국 | 몸길이 4미터 | 초식
날개처럼 생긴 어깨 가시를 이용해 옆구리를 보호했어요.

켄트로사우루스 *Kentrosaurus*
쥐라기 후기 | 탄자니아 | 몸길이 4.5미터 | 초식
뒷다리로만 일어서 나뭇잎을 따 먹을 수 있었어요.

후아이앙고사우루스 *Huayangosaurus*
쥐라기 중기 | 중국 | 몸길이 4.5미터 | 초식
육식 공룡이 엉덩이 쪽을 자주 공격해서 그런지 엉덩이 위의 뼈판들이 뾰족해졌어요.

스테고사우루스 *Stegosaurus*
쥐라기 후기 | 미국, 포르투갈 | 몸길이 9미터 | 초식
어른과 새끼의 발자국들이 함께 발견돼서 무리 지어 살았다는 게 밝혀졌어요.

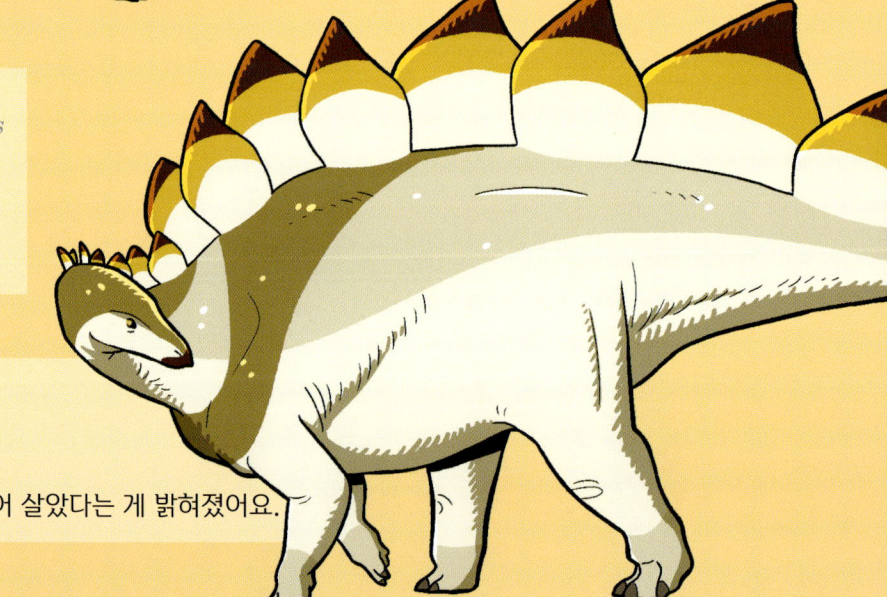

우에로사우루스 *Wuerhosaurus*
백악기 전기 | 중국, 몽골 | 몸길이 7미터 | 초식
뼈판이 부서진 채 발견돼서 어떻게 생겼는지 확실하지 않아요.

헤스페로사우루스 *Hesperosaurus*
쥐라기 후기 | 미국 | 몸길이 5미터 | 초식
수컷은 둥근 뼈판, 암컷은 길쭉한 뼈판을 가지고 있었대요.

로리카토사우루스 *Loricatosaurus*
쥐라기 중기 | 영국, 프랑스 | 몸길이 6미터 | 초식
예전 과학자들은 실수로 꼬리 가시를 어깨에 붙여서 복원했어요.

미라가이아 *Miragaia*
쥐라기 후기 | 포르투갈 | 몸길이 6미터 | 초식
목이 길어서 가만히 선 채로 고개만 움직이며 식물을 훑어 먹었어요.

투오이앙고사우루스 *Tuojiangosaurus*
쥐라기 후기 | 중국 | 몸길이 6.5미터 | 초식
1974년에 댐 공사 현장에서 처음 발견됐어요.

스테고사우루스 · 미라가이아 · 우에로사우루스 · 다켄트로우루스 · 헤스페로사우루스 · 투오이앙고사우루스 · 로리카토사우루스 · 후아이앙고사우루스 · 켄트로사우루스 · 기간트스피노사우루스

1.8M

17

두 발로 뛰는 초식 공룡

육식 공룡으로부터 몸을 보호할 수 있는 갑옷이나 가시가 없는 초식 공룡도 많았어요. 이런 초식 공룡은 육식 공룡을 만나면 뒷발로 재빠르게 도망칠 수밖에 없었어요. 몸집이 작은 종류들은 몸을 숨기기 위해 땅굴을 파기도 했어요. 몸집이 조랑말만 한 종류들은 땅을 파지 못하고 무리 지어 돌아다녔어요. 보는 눈이 많으면 많을수록 다가오는 육식 공룡을 쉽게 알아차릴 수 있거든요. 게다가 무리 지어 살면 육식 공룡만큼 빨리 달릴 필요가 없어요. 옆에 있는 동료보다만 빠르면 잡아먹히지 않거든요.

테스켈로사우루스 *Thescelosaurus*
백악기 후기 | 미국, 캐나다 | 몸길이 4미터 | 초식
물가에서 살았고, 짧고 튼튼한 다리로 헤엄을 잘 쳤을 거예요.

레엘리나사우라 *Leaellynasaura*
백악기 전기 | 호주 | 몸길이 2미터 | 초식
눈이 커서 어두운 환경에서도 잘 볼 수 있었어요.

오릭토드로메우스 *Oryctodromeus*
백악기 후기 | 미국 | 몸길이 2미터 | 초식
땅굴 속에서 세 마리의 화석이 발견됐어요.

예홀로사우루스 *Jeholosaurus*
백악기 전기 | 중국 | 몸길이 1미터 이상 | 초식
화산재에 묻혀 죽은 어린 공룡들만 발견됐어요.

휘어진 부리를 가진 초식 공룡

초식 공룡 종류 중에는 앞니 대신에 단단한 부리를 가지고 있는 종류들이 많았어요. 특히 '조각류'라는 초식 공룡 무리는 밑으로 휘어진 부리를 가지게 됐어요. 휘어진 부리 때문에 조각류의 주둥이는 마치 배관의 나사를 돌리는 도구인 파이프렌치처럼 생겼어요. 조각류는 휘어진 부리를 이용해 먹고 싶은 나뭇잎이나 열매를 단단히 잡고 뜯을 수 있었어요. 조각류 중에는 부리가 넓적한 종류들도 있는데, 이들을 '오리주둥이 공룡'이라고 불러요. 넓적한 부리로 한 번에 많은 식물을 뜯어 먹을 수 있었어요.

이구아노돈 *Iguanodon*
백악기 전기 | 벨기에, 프랑스, 독일, 스페인, 영국 | 몸길이 10미터 | 초식

뾰족한 첫 번째 앞 발가락을 이용해 식물 뿌리를 캐내서 먹었을 거예요.

사우롤로푸스 *Saurolophus*
백악기 후기 | 몽골, 미국, 캐나다 | 몸길이 13미터 | 초식

어릴 때는 볏이 위를 향하는데, 어른이 되면 뒤로 기울어져요.

드리오사우루스 *Dryosaurus*
쥐라기 후기 | 미국 | 몸길이 4미터 | 초식

긴 뒷다리는 빠른 속도로 달리기에 안성맞춤이었어요.

파라사우롤로푸스 *Parasaurolophus*
백악기 후기 | 미국, 캐나다 | 몸길이 10미터 | 초식

뒤통수의 볏은 사실 코가 길어져서 뒤로 휜 거예요.

마이아사우라 *Maiasaura*
백악기 후기 | 미국 | 몸길이 7미터 | 초식

여러 마리가 한곳에 모여 둥지를 만들었어요.

머리가 단단한 공룡

초식 공룡은 어쩌다 한 번씩 육식 공룡을 만났어요. 반면에 같은 종류의 초식 공룡과는 자주 만날 수밖에 없었어요. 그래서 초식 공룡은 같은 종류끼리 다투는 일이 많았어요. 맛있는 먹이를 두고 서로 싸우기도 했고, 마음에 드는 짝을 차지하기 위해 서로 싸우기도 했어요. 어떤 초식 공룡은 싸울 때 머리를 썼어요. 곰곰이 생각했다는 얘기가 아니에요. 이들은 서로의 머리를 들이받는 박치기를 했지요. 이런 박치기 공룡을 '후두류'라고 불러요. 박치기를 해도 끄떡없기 위해 정수리 부위가 두꺼워졌어요.

스티기몰록 *Stygimoloch*
백악기 후기 | 미국 | 몸길이 3미터 | 잡식으로 추정
어릴 땐 정수리가 납작한데, 자라면서 볼록해졌어요.

프레노케팔레 *Prenocephale*
백악기 후기 | 몽골 | 몸길이 2.4미터 | 초식
간혹 곤충도 먹었을 거라고 보는 과학자들이 있어요.

알라스카케팔레 *Alaskacephale*
백악기 후기 | 미국 | 몸길이 2.5미터로 추정 | 초식
다른 후두류 공룡보다 추운 곳에서 살았어요.

호말로케팔레 *Homalocephale*
백악기 후기 | 몽골 | 몸길이 1.8미터 | 초식
뼈로 된 힘줄들이 꼬리뼈를 감싼 채로 발견됐어요.

스페로톨루스 *Sphaerotholus*
백악기 후기 | 미국, 캐나다 | 몸길이 2.5미터로 추정 | 초식
박치기를 해서 생긴 상처들이 머리뼈에서 발견됐어요.

스테고케라스 *Stegoceras*
백악기 후기 | 미국, 캐나다 | 몸길이 2.5미터 | 초식
콧구멍 속에 가득한 핏줄을 이용해 뇌를 식혔을 거예요.

틸로케팔레 *Tylocephale*
백악기 후기 | 몽골 | 몸길이 1.4미터로 추정 | 초식
후두류 중에서 정수리가 가장 솟아 있어요.

우안나노사우루스 *Wannanosaurus*
백악기 후기 | 중국 | 몸길이 60센티미터 | 초식
가장 원시적인 후두류 공룡이에요.

포라미나케팔레 *Foraminacephale*
백악기 후기 | 캐나다 | 몸길이 1.5미터 | 초식
어릴 때부터 정수리가 살짝 볼록했어요.

파키케팔로사우루스 *Pachycephalosaurus*
백악기 후기 | 미국 | 몸길이 4.5미터 | 초식
가장 큰 후두류 공룡으로 정수리뼈 두께가 25센티미터나 돼요.

23

머리에 뿔이 솟은 초식 공룡

박치기 말고 다른 방법을 이용해 서로 싸운 초식 공룡들이 있어요. 바로 '각룡류'들이에요. 이들은 머리에 뿔들이 솟아 있어요. 그래서 이 공룡들을 '뿔공룡'이라고도 불러요. 각룡류는 뿔을 이용해 서로를 밀어내며 힘겨루기를 했어요. 그러다 보니 얼굴에 상처가 많이 났어요. 각룡류 중에는 뿔이 없는 종류들도 있었어요. 하지만 뿔이 없다고 얕잡아 봤다가는 큰코다칠 거예요. 모든 각룡류는 날카로운 부리가 있어요. 이 부리를 이용해 질긴 식물을 뜯어 먹기도 했지만, 육식 공룡의 앞다리 정도는 쉽게 잘라 버릴 수 있었지요.

파키리노사우루스 *Pachyrhinosaurus*
백악기 후기 | 미국, 캐나다 | 몸길이 8미터 | 초식
홍수로 불어난 강을 건너다가 떼죽음을 당하기도 했어요.

스티라코사우루스 *Styracosaurus*
백악기 후기 | 캐나다 | 몸길이 5.5미터 | 초식
계절에 따라 물이 많은 곳으로 이동했을 거예요.

코레아케라톱스 *Koreaceratops*
백악기 전기 | 한국 | 몸길이 1.5미터 | 초식
양옆으로 납작한 꼬리를 이용해 헤엄을 잘 쳤어요.

프시타코사우루스 *Psittacosaurus*
백악기 전기 | 중국, 몽골, 러시아, 태국 | 몸길이 1.5미터 | 초식
34마리나 되는 새끼 공룡들이 함께 모여 있는 채로 발견됐어요.

카스모사우루스 *Chasmosaurus*
백악기 후기 | 캐나다 | 몸길이 4.8미터 | 초식
볏의 두께가 겨우 1밀리미터였어요.

목이 길어지기 시작한 공룡

초식 공룡들은 식물을 많이 먹어야 살 수 있었어요. 왜냐하면 식물에는 영양분이 적기 때문이에요. 그래서 초식 공룡들끼리 경쟁해야 했어요. 어떤 초식 공룡들은 다른 공룡들이 닿기 힘든 곳에 있는 먹이를 먹기 시작했어요. 바로 나무 위에 높이 나 있는 잎사귀였어요. 나뭇잎을 쉽게 따 먹기 위해 이들의 목은 점점 길어졌어요. 그리고 길어진 목과 균형을 맞추기 위해 꼬리도 길어졌어요. 다른 초식 공룡들보다 많이 먹다 보니 몸집도 더 커졌어요.

플라테오사우루스 *Plateosaurus*
트라이아스기 후기 | 독일, 프랑스, 그린란드, 노르웨이, 스위스 | 몸길이 8.5미터 | 잡식
몸이 무거워서 진흙에 빠져 죽기도 했어요.

테코돈토사우루스 *Thecodontosaurus*
트라이아스기 후기 | 영국, 프랑스, 폴란드 | 몸길이 2미터 | 초식
처음에 발견됐을 때 공룡이 아니라 도마뱀인 줄 알았대요.

판파기아 *Panphagia*
트라이아스기 후기 | 아르헨티나 | 몸길이 1.3미터 | 잡식
육식 공룡과 초식 공룡의 중간 형태인 이빨을 가졌어요.

사라사우루스 *Sarahsaurus*
쥐라기 전기 | 미국 | 몸길이 3.1미터 | 잡식
강력한 앞발을 이용해 작은 동물을 붙잡았을지도 몰라요.

에오랍토르 *Eoraptor*
트라이아스기 후기 | 아르헨티나 | 몸길이 1미터 | 잡식
한때는 육식 공룡의 조상인 줄 알았대요.

무스사우루스 *Mussaurus*
트라이아스기 후기 | 아르헨티나 | 몸길이 6미터 | 초식
어릴 때는 네 발, 어른이 되면 두 발로 걸었어요.

이제 두 발로 걸을 때지!

세이타아드 *Seitaad*
쥐라기 전기 | 미국 | 몸길이 4.5미터 | 초식으로 추정
무너진 모래 언덕에 산 채로 묻혀 죽은 모습으로 발견됐어요.

팜파드로마이우스 *Pampadromaeus*
트라이아스기 후기 | 브라질 | 몸길이 1.2미터 | 잡식
입천장에도 작은 이빨들이 솟아 있었어요.

아데오팝포사우루스 *Adeopapposaurus*
쥐라기 전기 | 아르헨티나 | 몸길이 3미터 | 초식
주둥이 끝이 단단한 각질로 덮여 있었어요.

마소스폰딜루스 *Massospondylus*
쥐라기 전기 | 남아프리카공화국, 레소토, 짐바브웨 | 몸길이 6미터 | 초식
새처럼 둥지에서 새끼를 키웠어요.

1.8M | 플라테오사우루스 | 무스사우루스 | 마소스폰딜루스 | 사라사우루스 | 세이타아드 | 테코돈토사우루스 | 아데오팝포사우루스 | 판파기아 | 팜파드로마이우스 | 에오랍토르

거대한 목 긴 공룡

목이 길어진 초식 공룡들은 가만히 선 채로 목만 이리저리 움직이며 식물들을 훑어 먹을 수 있게 됐어요. 그리고 이들은 몸집이 크고 무거워져서 두 발이 아닌 네 발로만 걸을 수 있게 됐어요. 이처럼 네 발로 걷는 목 긴 공룡을 '용각류'라고 불러요. 몸이 크다 보니 육식 공룡들도 함부로 덤비지 못했어요. 그리고 한 번에 많은 양의 먹이를 먹어 몸속에 영양분을 오래 저장할 수 있었어요. 근데 용각류는 몸이 워낙 크고 무거워서 진흙에 빠지면 나오기가 어려웠어요. 그래서 진흙에 빠져 죽는 용각류들도 있었어요. 큰 게 다 좋은 건 아닌가 봐요.

아파토사우루스 *Apatosaurus*
쥐라기 후기 | 미국 | 몸길이 24미터 | 초식

어린 아파토사우루스는 1년에 5톤씩 몸무게가 늘었대요.

디플로도쿠스 *Diplodocus*
쥐라기 후기 | 미국 | 몸길이 31미터 | 초식

꼬리를 휘두를 때마다 제트기 소음과 맞먹는 소리가 났어요.

아르겐티노사우루스 *Argentinosaurus*
백악기 후기 | 아르헨티나 | 몸길이 36미터 | 초식

공룡 중 가장 큰 공룡이에요. 몸무게가 혹등고래 세 마리를 합친 것과 같아요.

마멘키사우루스 *Mamenchisaurus*
쥐라기 후기 | 중국 | 몸길이 31미터 | 초식

몸길이의 절반이 목이에요.

아마르가사우루스 *Amargasaurus*
백악기 전기 | 아르헨티나 | 몸길이 12미터 | 초식
목에 솟은 볏을 이용해 뽐내기를 했을 거예요.

니게르사우루스 *Nigersaurus*
백악기 전기 | 니제르 | 몸길이 9미터 | 초식
납작한 주둥이로 땅바닥에 있는 키 작은 식물들을 훑어 먹었어요.

브라키트라켈로판 *Brachytrachelopan*
쥐라기 후기 | 아르헨티나 | 몸길이 11미터 | 초식
키가 작은 식물들만 골라 먹다 보니 목이 짧아졌어요.

브라키오사우루스 *Brachiosaurus*
쥐라기 후기 | 미국 | 몸길이 26.5미터 | 초식
하루에 최대 400킬로그램의 식물을 먹었어요.

수노사우루스 *Shunosaurus*
쥐라기 중기 | 중국 | 몸길이 11미터 | 초식
꼬리 끝에 있는 뼈 뭉치는 다른 공룡과 싸울 때 사용했을 거예요.

에우로파사우루스 *Europasaurus*
쥐라기 후기 | 독일 | 몸길이 6미터 | 초식
작은 섬에서 살다 보니 몸집이 작아졌어요.

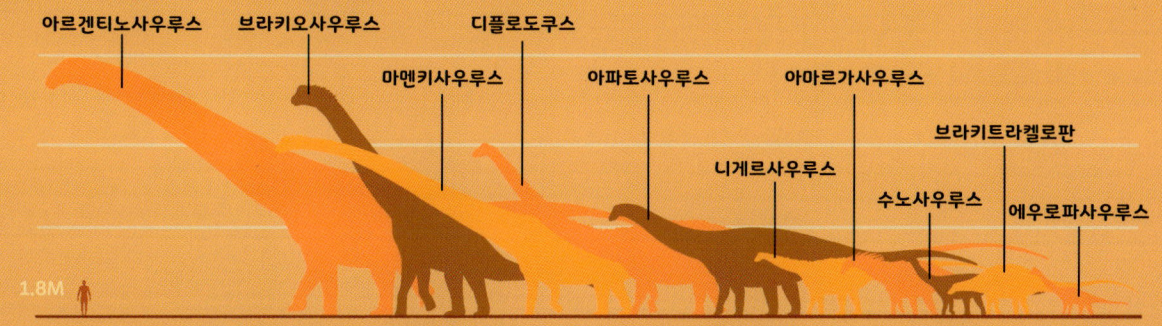

앞 발가락이 네 개씩 있는 육식 공룡

육식 공룡들은 살아 있는 먹이를 붙잡기 위해 날카로운 발톱이 달린 앞발과 뒷발을 가졌어요. 그래서 과학자들은 육식 공룡들을 '짐승의 발을 가진 무리'라는 뜻으로 '수각류'라고도 불러요. 모든 수각류는 기다란 두 뒷다리로 걸었어요. 그 덕분에 앞다리가 자유로워졌어요. 이 자유로워진 앞다리를 이용해 가려운 부위를 긁기도 했겠지만, 먹잇감이나 고깃덩어리를 붙잡는 용도로도 썼을 거예요. 가장 먼저 나타난 수각류들은 앞 발가락이 네 개씩이었어요. 그런데 이들의 후손 중 일부는 앞 발가락이 세 개로 줄어들었어요.

마준가사우루스 *Majungasaurus*
백악기 후기 | 마다가스카르 | 몸길이 7미터 | 육식
같은 종류끼리 서로 잡아먹기도 했어요.

루곱스 *Rugops*
백악기 후기 | 모로코 | 몸길이 5.3미터 | 육식
작은 동물을 사냥하거나, 다른 동물이 사냥한 먹이를 훔쳐 먹었을 거예요.

딜로포사우루스 *Dilophosaurus*
쥐라기 전기 | 미국 | 몸길이 7미터 | 육식
머리에 솟은 볏은 겉이 뼈와 각질로 이루어졌고, 속은 공기로 채워져 있었어요.

마시아카사우루스 *Masiakasaurus*
백악기 후기 | 마다가스카르 | 몸길이 2미터 | 육식
먹을 것이 부족한 환경에서 살아서 천천히 자랐어요.

에오드로마이우스 *Eodromaeus*
트라이아스기 후기 | 아르헨티나 | 몸길이 1.2미터 | 육식
가장 오래된 육식 공룡이에요.

리무사우루스 *Limusaurus*
쥐라기 후기 | 중국 | 몸길이 2미터 | 잡식
어릴 때는 갈고리 같은 이빨이 있고, 어른이 되면 이빨이 전부 사라져요.

살트리오베나토르 *Saltriovenator*
쥐라기 전기 | 남극 | 몸길이 6미터 | 육식

앞 발톱은 최대 5센티미터까지 자랐어요.
사자의 것보다 두 배는 더 컸어요.

코일로피시스 *Coelophysis*
트라이아스기 후기~쥐라기 전기 | 미국, 남아프리카공화국, 짐바브웨 | 몸길이 3미터 | 육식

홍수에 떠밀려 죽은 1,000마리의 코일로피시스 화석들이 발견됐어요.

카르노타우루스 *Carnotaurus*
백악기 후기 | 아르헨티나 | 몸길이 8미터 | 육식

최대 시속 56킬로미터로 뛸 수 있었어요.

케라토사우루스 *Ceratosaurus*
쥐라기 후기 | 미국 | 몸길이 6미터 | 육식

콧등에 난 뿔처럼 생긴 벗은 뽐내기용이었을 거예요.

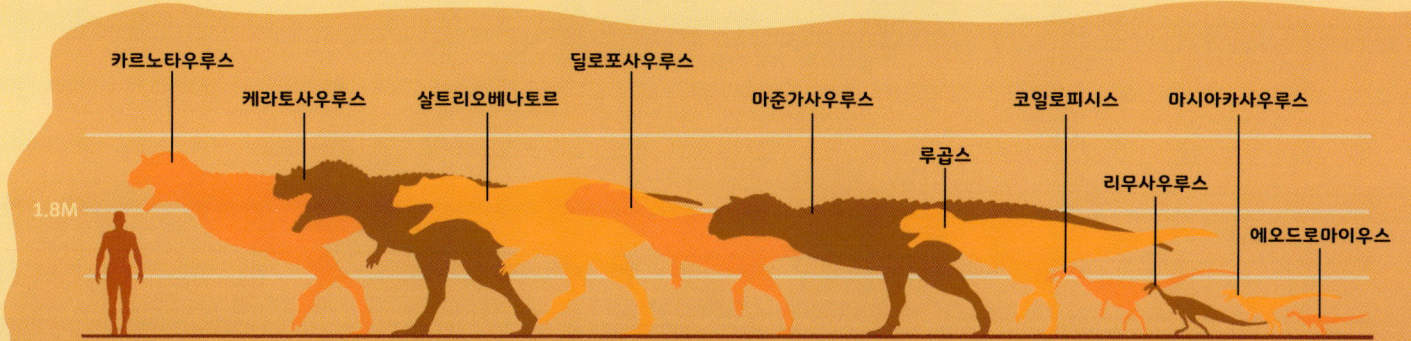

튼튼한 앞다리를 가진 육식 공룡

원시 수각류의 후손들은 몸집이 커졌어요. 왜냐하면 이들이 잡아먹던 초식 공룡들이 커졌기 때문이에요. 몸집이 커진 먹잇감들을 잡기 위해서는 이전보다 크고 튼튼한 앞다리가 필요했어요. 그래서 어떤 수각류 무리는 이전보다 폭이 넓고 튼튼한 앞다리를 가지게 됐지요. 이 수각류 무리를 '메갈로사우루스상과'라고 불러요. 이 공룡들은 숲속을 돌아다니면서 초식 공룡을 잡아먹었어요. 일부 메갈로사우루스상과들은 물가로 나갔는데, 튼튼한 앞다리와 긴 주둥이를 이용해 물고기를 사냥했어요.

메갈로사우루스 *Megalosaurus*
쥐라기 중기 | 영국 | 몸길이 6미터 | 육식
1824년, 가장 먼저 이름을 얻은 공룡이에요.

바리오닉스 *Baryonyx*
백악기 전기 | 영국 | 몸길이 10미터 | 육식
배 속에서 물고기와 새끼 이구아노돈의 뼈 화석이 발견된 적 있어요.

이리타토르 *Irritator*
백악기 전기 | 브라질 | 몸길이 8미터 | 육식
머리가 길쭉해서 처음에 발견됐을 때 커다란 익룡인 줄 알았대요.

스피노사우루스 *Spinosaurus*
백악기 후기 | 이집트, 모로코, 튀니지, 브라질 | 몸길이 16미터 | 육식
가장 큰 육식 공룡이에요. 물속에서 많은 시간을 보냈어요.

모놀로포사우루스 *Monolophosaurus*
쥐라기 중기 | 중국 | 몸길이 7.5미터 | 육식
콧등에 솟은 볏은 뽐내기용이었어요.

토르보사우루스 *Torvosaurus*
쥐라기 후기 | 미국, 포르투갈, 독일 | 몸길이 10미터 | 육식
쥐라기 때 살았던 육식 공룡 중에서 머리가 가장 커요.

아프로베나토르 *Afrovenator*
쥐라기 중기 | 니제르 | 몸길이 8미터 | 육식
앞 발톱의 길이가 무려 10센티미터나 돼요.

이크티오베나토르 *Ichthyovenator*
백악기 전기 | 태국 | 몸길이 10.5미터 | 육식
납작한 꼬리를 이용해 잘 헤엄쳤을 거예요.

에우스트렙토스폰딜루스 *Eustreptospondylus*
쥐라기 중기 | 영국 | 몸길이 7미터 이상 | 육식
얕은 바다를 건너다니며 이 섬 저 섬 옮겨 살았을 거예요.

수코미무스 *Suchomimus*
백악기 전기 | 니제르 | 몸길이 11미터 | 육식
튼튼한 주둥이를 이용해 크고 펄떡거리는 물고기를 잡을 수 있었어요.

커다란 머리를 가진 육식 공룡

몇몇 수각류 공룡은 앞다리보다 주둥이를 이용해 먹잇감을 잡기 시작했어요. 그래서 머리가 커지고 앞다리는 작아졌어요. 이 수각류 무리를 '카르노사우루스류'라고 불러요. 카르노사우루스류의 주둥이 안에는 칼날처럼 양옆으로 납작한 이빨이 가득했어요. 이런 이빨은 고기를 자르는 데 알맞았어요. 카르노사우루스류는 살집이 많은 용각류를 주로 사냥했어요. 용각류를 뒤쫓던 카르노사우루스류의 발자국 화석들도 발견된 적이 있지요.

기가노토사우루스 *Giganotosaurus*
백악기 후기 | 아르헨티나 | 몸길이 13.2미터 | 육식
길이가 1.6미터나 되는 아래턱을 빠르게 여닫을 수 있었어요.

카르카로돈토사우루스 *Carcharodontosaurus*
백악기 후기 | 이집트, 모로코, 니제르 | 몸길이 12.8미터 | 육식
튼튼한 턱으로 424킬로그램의 고기를 들어 올릴 수 있었어요.

아스팔토베나토르 *Asfaltovenator*
쥐라기 중기 | 아르헨티나 | 몸길이 8미터로 추정 | 육식
지금까지 한 마리만 발견된 희귀한 공룡이에요.

콘카베나토르 *Concavenator*
백악기 전기 | 스페인 | 몸길이 5.8미터 | 육식
발바닥에 두툼한 살집이 있었던 흔적이 발견됐어요.

알로사우루스 *Allosaurus*
쥐라기 후기 | 미국, 포르투갈 | 몸길이 8.5미터 | 육식
진흙에 빠져 죽은 공룡들을 먹으러 갔다가 실수로 함께 빠져 죽은 경우가 많아요.

마푸사우루스 *Mapusaurus*
백악기 후기 | 아르헨티나 | 몸길이 12.6미터 | 육식
일곱 마리가 한곳에서 발견된 적이 있어요.
무리 지어 생활했나 봐요.

아크로칸토사우루스 *Acrocanthosaurus*
백악기 전기 | 미국 | 몸길이 12미터 | 육식
새끼 공룡이 어른이 되는 데 12년 정도 걸렸어요.

메트리아칸토사우루스 *Metriacanthosaurus*
쥐라기 중기 | 영국 | 몸길이 8미터 | 육식
바닷가를 돌아다니며 작은 공룡이나 바다에서 떠밀려 온
해양 동물을 먹었을 거예요.

네오베나토르 *Neovenator*
백악기 전기 | 영국 | 몸길이 7.6미터 | 육식
예민한 주둥이를 이용해 조심스럽게 먹이의
살점을 발라 먹었을 거예요.

공짜 밥이 최고야!

양추아노사우루스 *Yangchuanosaurus*
쥐라기 중기 | 중국 | 몸길이 11미터 | 육식
시속 42킬로미터로 뛸 수 있는 재빠른 사냥꾼이었어요.

타닷

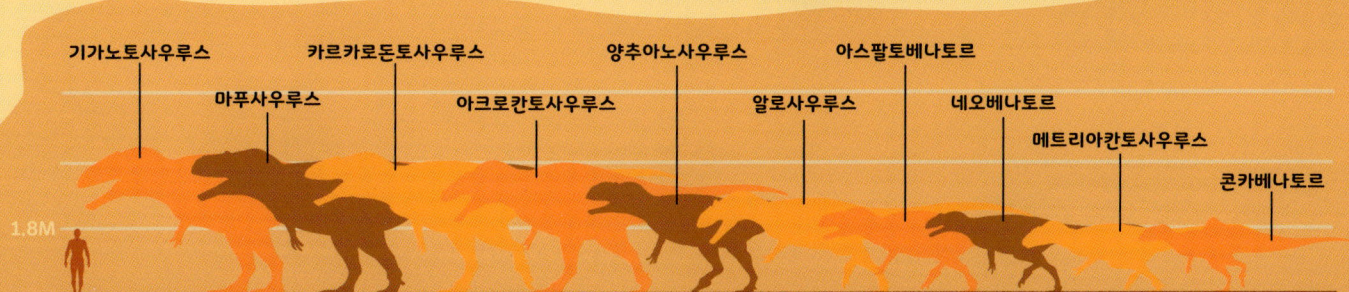

긴 뒷다리를 가진 육식 공룡

모든 육식 공룡이 덩치가 컸던 것은 아니에요. 작은 육식 공룡들은 조그마한 동물들을 사냥했어요. 덩치 큰 카르노사우루스류가 먹고 남긴 고기 찌꺼기도 마다하지 않았어요. 운이 없을 땐 카르노사우루스류의 간식거리가 되기도 했어요. 재빠르게 돌아다녀야 살아남을 수 있었지요. 그래서 작은 육식 공룡들은 기다란 뒷다리를 갖게 됐어요. 이 육식 공룡들을 '코엘루로사우루스류'라고 불러요. 하지만 모든 코엘루로사우루스류가 작았던 것은 아니에요. 카르노사우루스류가 나중에 조금씩 사라지자 몸집이 커진 코엘루로사우루스류도 있었어요! 그중 하나가 바로 티라노사우루스예요.

티라노사우루스 *Tyrannosaurus*
백악기 후기 | 미국, 캐나다 | 몸길이 12.3미터 | 육식
무는 힘이 5톤이나 돼요. 초식 공룡의 뼈도 씹어 먹을 수 있었어요.

콤프소그나투스 *Compsognathus*
쥐라기 후기 | 프랑스, 독일, 포르투갈 | 몸길이 1.3미터 | 육식
배 속에서 새로운 종류의 도마뱀 화석이 발견되기도 했어요.

구안롱 *Guanlong*
쥐라기 후기 | 중국 | 몸길이 3미터 | 육식
진흙으로 채워진 거대한 용각류 공룡의 발자국에 빠져 죽기도 했어요.

후악시아그나투스 *Huaxiagnathus*
백악기 전기 | 중국 | 몸길이 1.8미터 | 육식
시속 35킬로미터로 재빠르게 뛸 수 있었어요.

유티라누스 *Yutyrannus*
백악기 전기 | 중국 | 몸길이 9미터 | 육식
깃털의 흔적이 발견된 공룡 중에서 몸집이 가장 커요.

타조를 닮은 공룡

고기와 식물을 가리지 않고 뭐든지 잘 먹는 것을 '잡식'이라고 해요. 잡식 동물은 살아가는 데 아주 유리해요. 사냥할 동물이 많을 때는 동물을 잡아먹고, 동물이 별로 없을 때는 식물을 뜯어 먹으면 되거든요. 배를 쫄쫄 굶을 일은 별로 없어요. 코엘루로사우루스류 중에도 고기와 식물 모두를 먹을 수 있는 잡식성 공룡이 있었어요. 그중 하나가 바로 '오르니토미모사우루스류'예요. 이들은 타조처럼 기다란 목과 다리를 가졌어요. 타조를 닮아서 '타조 공룡'이라고도 불러요.

가루디미무스 *Garudimimus*
백악기 후기 | 몽골 | 몸길이 2.8미터 | 잡식
무는 힘이 굉장히 약했어요.

갈리미무스 *Gallimimus*
백악기 후기 | 몽골 | 몸길이 6미터 | 잡식
여러 마리가 무리 지어 살았어요.

데이노케이루스 *Deinocheirus*
백악기 후기 | 몽골 | 몸길이 11미터 | 잡식
거대한 앞발로 물속 식물을 끌어 올려서 먹었을 거예요.

하르피미무스 *Harpymimus*
백악기 전기 | 몽골 | 몸길이 4.5미터 | 잡식
아래턱에만 이빨이 있었어요.

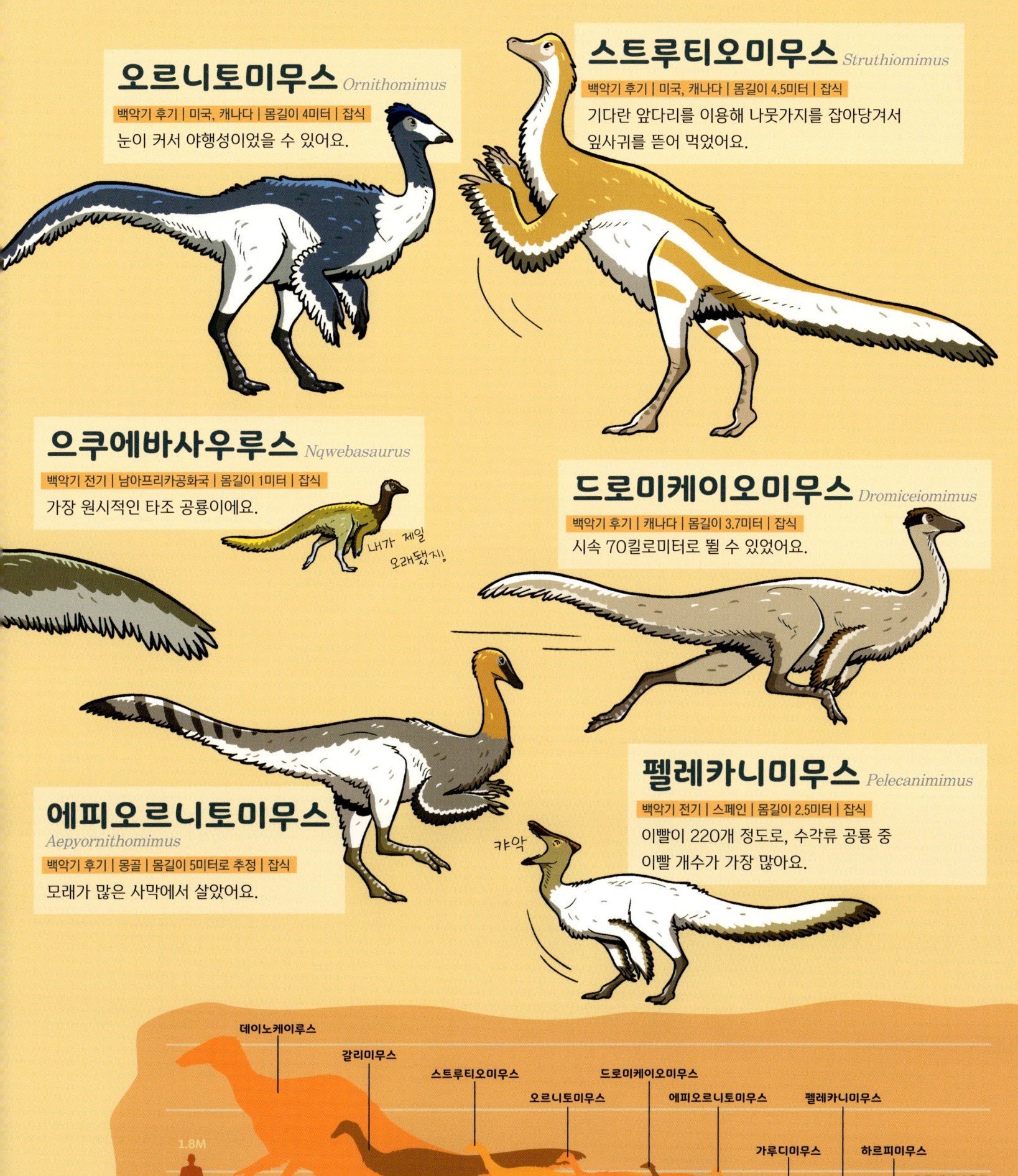

앞다리를 접을 수 있는 공룡

코엘루로사우루스류는 갈수록 앞다리가 길어졌어요. 길어진 앞다리에는 긴 깃털이 달려 있었죠. 깃털이 달린 긴 앞다리는 쓰임새가 아주 많았어요. 뽐내기에 이용하기도 했고요, 알을 품거나 새끼 공룡에게 그늘을 만들어 줄 때도 편리했어요. 그런데 길어진 앞다리를 마냥 쭉 펴고 다닐 수는 없었어요. 그래서 이들은 앞발을 뒤로 접게 됐어요. 이렇게 앞발을 접을 수 있는 공룡 무리를 '마니랍토라류'라고 불러요. 하지만 길어진 앞다리를 별로 사용하지 않아서 앞다리가 퇴화한 마니랍토라류도 있었어요.

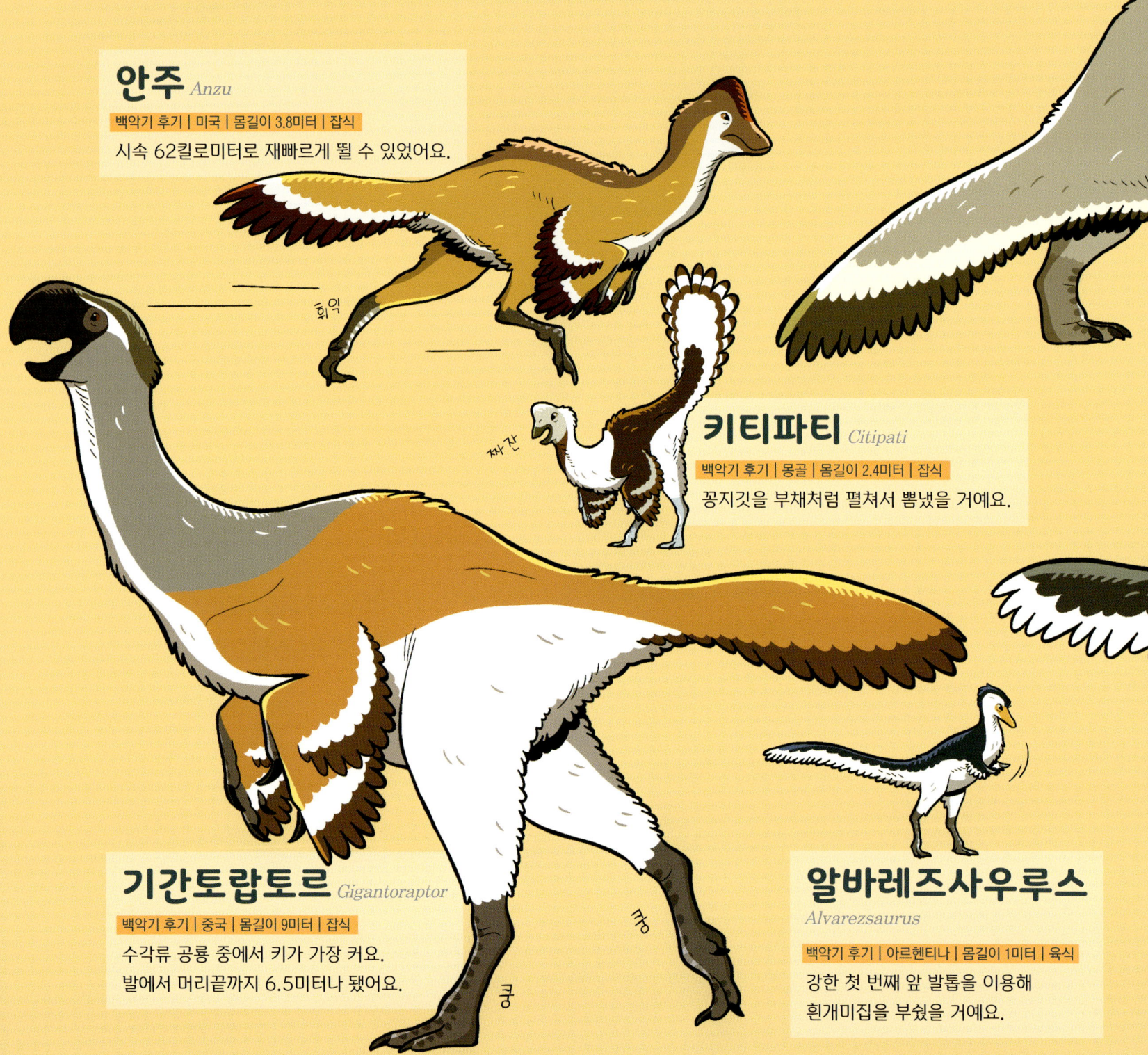

안주 *Anzu*
백악기 후기 | 미국 | 몸길이 3.8미터 | 잡식
시속 62킬로미터로 재빠르게 뛸 수 있었어요.

키티파티 *Citipati*
백악기 후기 | 몽골 | 몸길이 2.4미터 | 잡식
꽁지깃을 부채처럼 펼쳐서 뽐냈을 거예요.

기간토랍토르 *Gigantoraptor*
백악기 후기 | 중국 | 몸길이 9미터 | 잡식
수각류 공룡 중에서 키가 가장 커요.
발에서 머리끝까지 6.5미터나 됐어요.

알바레즈사우루스 *Alvarezsaurus*
백악기 후기 | 아르헨티나 | 몸길이 1미터 | 육식
강한 첫 번째 앞 발톱을 이용해
흰개미집을 부쉈을 거예요.

세그노사우루스 *Segnosaurus*
백악기 후기 | 몽골 | 몸길이 7미터 | 잡식

톱날처럼 발달한 이빨을 이용해 질긴 식물을 잘 뜯어 먹었어요.

이 *Yi*
쥐라기 중기~후기 | 중국 | 몸길이 60센티미터 | 육식

날다람쥐처럼 앞다리를 펼쳐서 나무와 나무 사이를 옮겨 다녔어요.

고비랍토르 *Gobiraptor*
백악기 후기 | 몽골 | 몸길이 1.3미터 이상 | 잡식

튼튼한 부리로 조개나 씨앗을 부숴 먹었어요.

네메그토니쿠스 *Nemegtonykus*
백악기 후기 | 몽골 | 몸길이 1미터 | 육식

고비랍토르와 함께 발견됐어요. 다른 공룡들과 사이좋게 잘 지냈나 봐요.

노트로니쿠스 *Nothronychus*
백악기 후기 | 미국 | 몸길이 4.2미터 | 초식

낮은 소리를 잘 들을 수 있었대요.

테리지노사우루스 *Therizinosaurus*
백악기 후기 | 몽골 | 몸길이 9미터로 추정 | 초식

잎사귀가 달린 나뭇가지를 잡아당기는 데 기다란 앞 발톱을 사용했을 거예요.

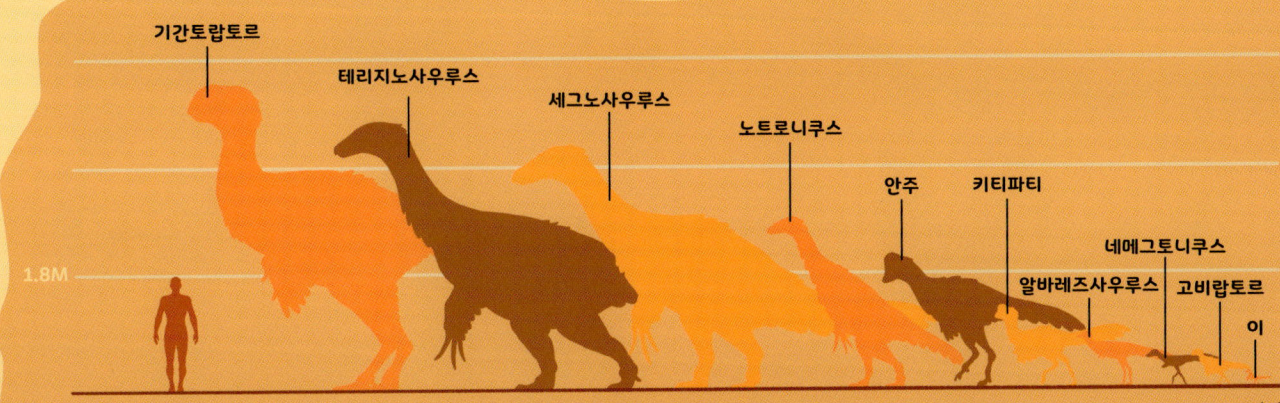

갈고리발톱을 가진 공룡

일부 마니랍토라류는 두 번째 뒷발톱이 갈고리 모양으로 변했어요. 갈고리발톱은 작은 동물을 단단히 붙잡는 용도로 안성맞춤이었지요. 그런데 갈고리발톱은 다른 발톱들보다 커서 땅바닥을 걷기에는 불편했어요. 그래서 이 공룡들은 갈고리발톱이 달린 두 번째 발가락을 높게 들어 올린 채 걸어 다녔어요. 오늘날의 고양이도 이들처럼 발톱을 들고 걸어 다녀요. 고양이처럼 이 공룡들도 먹잇감 뒤를 살금살금 따라가서 덮쳤을 거예요. 물론 고양이만큼 똑똑하지는 않았지만요.

우타랍토르 *Utahraptor*
백악기 전기 | 미국 | 몸길이 6미터 | 육식
일곱 마리의 공룡이 모래 늪에 빠져 죽은 채 발견되기도 했어요.

할스즈카랍토르 *Halszkaraptor*
백악기 후기 | 몽골 | 몸길이 60센티미터 | 육식
앞다리를 이용해 펭귄처럼 헤엄쳤어요.

미크로랍토르 *Microraptor*
백악기 전기 | 중국 | 몸길이 80센티미터 | 육식
배 속에서 새와 물고기의 뼈들이 발견됐어요.

데이노니쿠스 *Deinonychus*
백악기 전기 | 미국 | 몸길이 3미터 | 육식
어린 공룡은 나무 위에서 생활했어요.

아르카이옵테릭스 *Archaeopteryx*
쥐라기 후기 | 독일 | 몸길이 50센티미터 | 육식
'시조새'라고도 불러요. 꿩이랑 비슷하게 날았어요.

스테노니코사우루스 *Stenonychosaurus*
백악기 후기 | 캐나다 | 몸길이 2.4미터 | 잡식
어린 공룡이 어른이 되기까지 3년에서 5년은 걸렸어요.

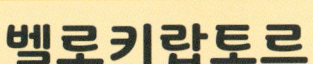

벨로키랍토르 *Velociraptor*
백악기 후기 | 몽골, 중국 | 몸길이 1.8미터 | 육식
동족에게 머리가 물려서 죽은 벨로키랍토르의 화석이 발견됐어요.

메이 *Mei*
백악기 전기 | 중국 | 몸길이 70센티미터로 추정 | 잡식
잠을 자다가 화산의 독가스에 질식해 죽은 채로 발견되기도 했어요.

우넨라기아 *Unenlagia*
백악기 후기 | 아르헨티나 | 몸길이 2.4미터 | 육식
처음 발견됐을 때 원시 새인 줄 알았대요.

43

꼬리가 짧은 공룡

마니랍토라류 중에는 하늘을 날 수 있는 종류가 있어요. 이들이 바로 새의 조상이었어요. 이들은 날개로 변한 긴 앞다리와 깃털을 이용해 하늘을 날았어요. 이 공룡들은 하늘을 날 수 있게 되면서 꼬리도 짧아졌어요. 짧아진 꼬리에는 부채처럼 펼 수 있는 꽁지깃이 자랐어요. 이들은 하늘을 날 때 부채 같은 꽁지깃을 이리저리 흔들며 몸의 방향을 바꿀 수 있었어요. 이런 꼬리 덕분에 이 마니랍토라류들은 나무가 빽빽한 숲속에서 부딪히지 않고 잘 날아다닐 수 있었어요. 어떤 종류는 날개가 필요 없어져 퇴화한 종류들도 있었어요.

고빕테릭스 *Gobipteryx*
백악기 후기 | 몽골 | 날개폭 30센티미터 | 잡식
알에서 태어나고 얼마 지나지 않아 바로 하늘을 날 수 있었어요.

이크티오르니스 *Ichthyornis*
백악기 후기 | 미국 | 날개폭 43센티미터 | 육식
오늘날의 갈매기처럼 바다에서 떠밀려 온 해양 동물들을 잡아먹었을 거예요.

롱깁테릭스 *Longipteryx*
백악기 전기 | 중국 | 날개폭 34센티미터 | 육식
작은 곤충을 주로 사냥했어요.

헤스페로르니스 *Hesperornis*
백악기 후기 | 미국, 캐나다, 러시아 | 몸길이 1.8미터 | 육식
뒷발로 헤엄치며 물고기를 잡아먹었어요.

파타곱테릭스 *Patagopteryx*
백악기 후기 | 아르헨티나 | 몸길이 60센티미터 | 잡식
오늘날의 뿔닭처럼 무리 지어 돌아다녔을 거예요.

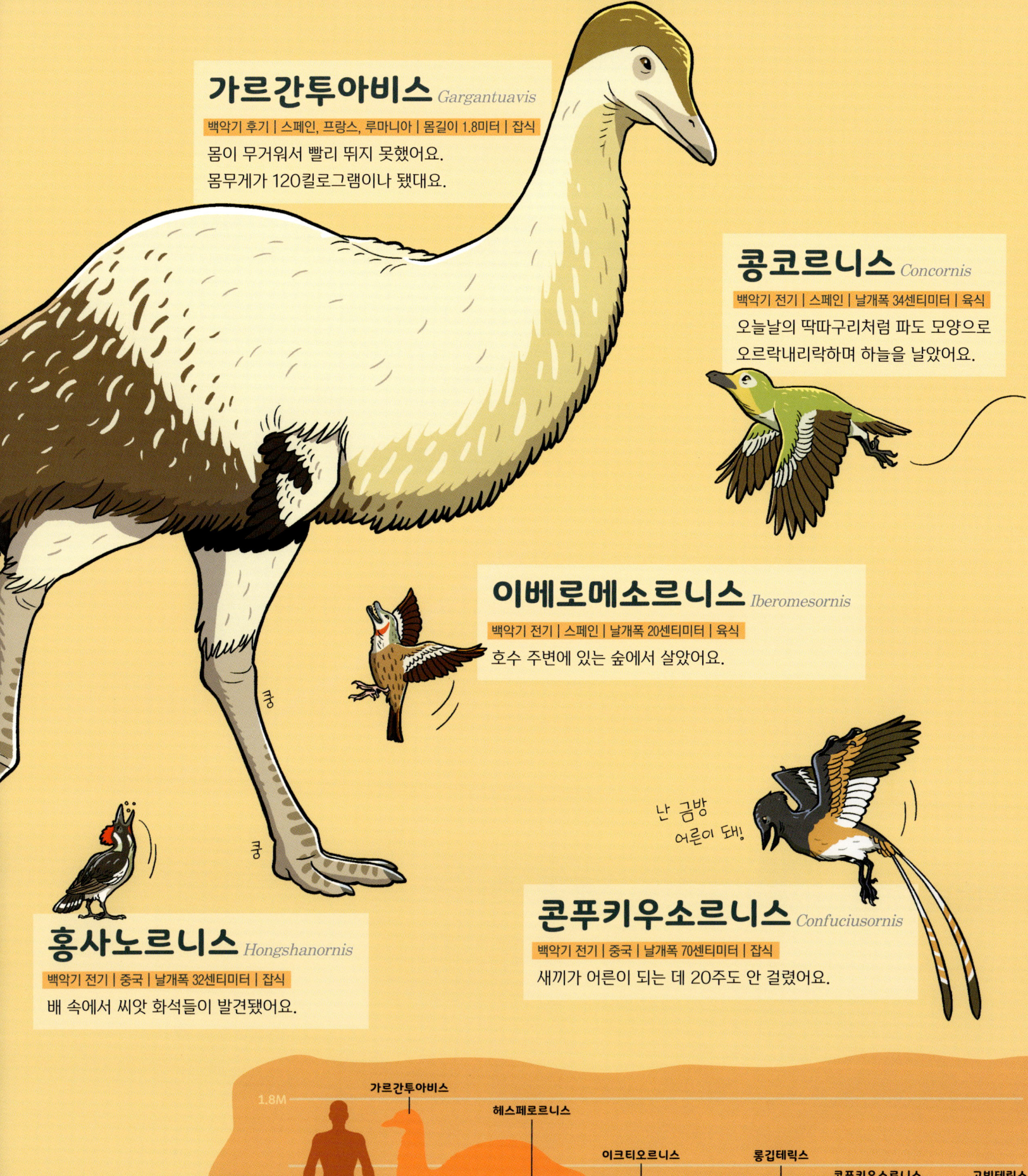

가르간투아비스 *Gargantuavis*
백악기 후기 | 스페인, 프랑스, 루마니아 | 몸길이 1.8미터 | 잡식

몸이 무거워서 빨리 뛰지 못했어요.
몸무게가 120킬로그램이나 됐대요.

콩코르니스 *Concornis*
백악기 전기 | 스페인 | 날개폭 34센티미터 | 육식

오늘날의 딱따구리처럼 파도 모양으로
오르락내리락하며 하늘을 날았어요.

이베로메소르니스 *Iberomesornis*
백악기 전기 | 스페인 | 날개폭 20센티미터 | 육식

호수 주변에 있는 숲에서 살았어요.

홍사노르니스 *Hongshanornis*
백악기 전기 | 중국 | 날개폭 32센티미터 | 잡식

배 속에서 씨앗 화석들이 발견됐어요.

콘푸키우소르니스 *Confuciusornis*
백악기 전기 | 중국 | 날개폭 70센티미터 | 잡식

새끼가 어른이 되는 데 20주도 안 걸렸어요.

난 금방 어른이 돼!

45

우리가 새라고 부르는 공룡

새는 오늘날 살아 있는 공룡의 한 무리예요. 최초의 새는 약 1억 2100만 년 전에 등장했어요. 이들은 조상들과 달리 정강이뼈와 종아리뼈가 하나로 합쳐졌어요. 이렇게 튼튼해진 뒷다리를 이용해 재빠르게 걷거나 뛰는 게 가능했어요. 그런데 약 6600만 년 전, 에베레스트산만 한 거대한 돌덩이가 우주로부터 날아와 지구에 부딪혔어요. 이 사건으로 생물 종류의 60퍼센트가 멸종했어요. 새를 제외한 모든 공룡은 이때 전부 사라졌어요. 운 좋게 살아남은 새들은 지구 곳곳으로 퍼져서 다양한 모습으로 진화했어요.

펠라고르니스 *Pelagornis*
고제3기~신제3기 | 칠레, 페루, 베네수엘라, 미국, 프랑스, 호주, 뉴질랜드 | 날개폭 6미터 | 육식

전 세계 바다를 여행하며 물고기를 잡아먹었어요.

아스테리오르니스 *Asteriornis*
백악기 후기 | 벨기에 | 날개폭 1미터 | 잡식

닭과 오리의 조상이에요. 가리지 않고 뭐든지 주워 먹었어요.

아르겐타비스 *Argentavis*
신제3기 | 아르헨티나 | 날개폭 6.5미터 | 육식

하루에 최대 5킬로그램의 고기를 먹었대요.

티타니스 *Titanis*
신제3기~제4기 | 미국 | 키 2.5미터 | 육식

말처럼 큰 초식 동물을 큰 부리로 내리쳐서 사냥했어요.

오르니메갈로닉스 *Ornimegalonyx*
신제3기 | 쿠바 | 키 1.1미터 | 육식

거대한 올빼미예요. 잘 날지는 않았지만 빠른 속도로 뛸 수 있었어요.

다 덤벼!

크세니키비스 *Xenicibis*
제4기 | 자메이카 | 날개폭 1미터 | 육식

몽둥이 같은 날개를 이용해 천적으로부터 몸을 보호했어요. 주로 갑각류를 먹었을 거예요.

드로모르니스 *Dromornis*
신제3기 | 호주 | 키 3미터 | 초식

기린처럼 높은 나무 위의 잎사귀를 따 먹었을 거예요.

쭈욱~

프레스비오르니스 *Presbyornis*
고제3기 | 미국 | 날개폭 2미터 | 잡식

오리의 친척이에요. 목이 길어서 처음에는 홍학인 줄 알았대요.

팔라이에우딥테스 *Palaeeudyptes*
고제3기~신제3기 | 뉴질랜드, 남극 | 키 2미터 | 육식

거대한 펭귄이에요. 물개, 바다사자들과의 경쟁에서 밀리는 바람에 멸종했어요.

헤라클레스 *Heracles*
신제3기 | 뉴질랜드 | 키 1미터 | 초식

몸무게 7킬로그램의 큰 앵무새예요. 강한 부리로 열매를 까먹었어요.

47

지금도 살아 있는 공룡

공룡은 멸종하지 않았어요. 새가 지금도 살아 있기 때문이죠. 화석으로 알려진 공룡은 약 1,000종류예요. 그런데 지금 새의 종류는 거의 1만 종류나 돼요. 코끼리, 쥐, 토끼, 개, 고양이, 그리고 사람을 포함한 포유류는 겨우 6,400종류 정도예요. 그런데 살아 있는 공룡이 지금 위기에 처했어요. 우리가 무심결에 버리는 수많은 쓰레기와 오염 물질 때문에 살 곳을 잃어 가고 있거든요. 이러다가 우리 때문에 멸종하는 건 아닐까요? 이들이 자취를 감추지 않도록 자연을 더 아끼고 사랑하고 보호해야 하지 않을까요?

황제펭귄 *Aptenodytes forsteri*
현재 | 남극 | 키 최대 1.2미터 | 육식
물고기를 잡기 위해 약 500미터 깊이의 바닷속으로 들어가기도 해요.

극제비갈매기 *Sterna paradisaea*
현재 | 북아메리카, 유럽, 동아시아, 남극 | 날개폭 최대 75센티미터 | 육식
가장 멀리 이동하는 공룡이에요.
북극에서 새끼를 키우고 남극에서 여름을 보내요.

매 *Falco peregrinus*
현재 | 남극을 제외한 모든 대륙 | 날개폭 최대 1.2미터 | 육식
가장 빠른 공룡이에요. 최고 시속 320킬로미터로 날 수 있어요.

화식조 *Casuarius*
현재 | 호주, 뉴기니 | 키 최대 2미터 | 초식
오늘날 공룡 중에서 가장 위험해요.
뒷발을 이용해 사람을 공격하기도 해요.

닭 *Gallus gallus domesticus*
현재 | 남극을 제외한 모든 대륙 | 날개폭 80센티미터 | 잡식
오늘날 지구에서 가장 많은 공룡이에요.
수가 2,000억 마리가 넘어요.

전 세계에 내 친구들이 있지!

판파기아 *Panphagia* … 26
팔라이에우딥테스 *Palaeeudyptes* … 47
팜파드로마이우스 *Pampadromaeus* … 27
페고마스탁스 *Pegomastax* … 13
펜타케라톱스 *Pentaceratops* … 25
펠라고르니스 *Pelagornis* … 46
펠레카니미무스 *Pelecanimimus* … 39
포라미나케팔레 *Foraminacephale* … 23
폴라칸투스 *Polacanthus* … 14
프레노케팔레 *Prenocephale* … 22
프레스비오르니스 *Presbyornis* … 47
프로토케라톱스 *Protoceratops* … 25
프루이타덴스 *Fruitadens* … 13
프시타코사우루스 *Psittacosaurus* … 24
플라테오사우루스 *Plateosaurus* … 26
피나코사우루스 *Pinacosaurus* … 15

힙실로포돈 *Hypsilophodon* … 19

ㅎ

하르피미무스 *Harpymimus* … 38
하이아 *Haya* … 19
할스즈카랍토르 *Halszkaraptor* … 42
헤라클레스 *Heracles* … 47
헤스페로르니스 *Hesperornis* … 44
헤스페로사우루스 *Hesperosaurus* … 17
헤테로돈토사우루스 *Heterodontosaurus* … 12
호말로케팔레 *Homalocephale* … 22
홍사노르니스 *Hongshanornis* … 45
화식조 *Casuarius* … 48
황제펭귄 *Aptenodytes forsteri* … 48
후악시아그나투스 *Huaxiagnathus* … 36